MTS
큐티 학교

교회성장연구소

우리는 각자의 고유한 이름을 가지고 있습니다. 동시에 우리에게는 공통으로 지녀야 할 또 다른 이름이 있습니다. 바로 '작은 예수' 입니다.

'작은 예수', 이것은 우리의 정체성이자, 삶의 목표가 되어야 합니다. 예수님의 가르침이 우리의 입을 통해 전파되어야 하고, 예수님의 사랑이 내 손을 통해 나눔으로 이어져야 합니다. 예수님의 발자국이 우리가 가야 할 길이 되어야 하고, 예수님의 마음이 우리의 성품을 지배해야 합니다.

이 세대에 이러한 '작은 예수' 들이 절실히 필요합니다. 나부터 작은 예수가 되기를 소원해야 하고, 더불어 우리 모두가 작은 예수라는 공통된 이름을 가져야 합니다. 서로가 각기 다른 존재이지만 작은 예수라는 동일한 이름으로 하나 될 때, 그리고 그 이름에 걸맞게 예수 향기를 이 세상에 발할 때, 하나님 나라는 더욱 아름답고 넓게 확장되어갈 것입니다.

그렇다면, 어떻게 해야 작은 예수로서 살아갈 수 있을까요? 어떻게 해야 이 땅이 작은 예수들로 가득 넘칠 수 있을까요? 우리는 예수님의 사역에서 그 원리를 배울 수 있습니다. 예수님은 사랑하는 제자들을 '세우셨고', '훈련'시키셨습니다. 하나님의 뜻을 그들에게 가르치셨고 그 가르침대로 실천하게 하셨습니다. 그리고 무엇보다 그 훈련의 원리는 예수님이 먼저 본이 되어주시는 것이었습니다.

작은 예수들이 무수히 일어나기 위해서, 예수님이 제자들에게 행하셨던 그

훈련이 우리 가운데 시작되어야 합니다. 이러한 비전을 품고 본격적으로 MTS 개정판을 출간하게 되었습니다. 특히 이번 개정판은 평신도 모두가 작은 예수화 되는 것에 목표를 삼고 있습니다. 머릿속에만 맴도는 지식 전수가 아니라, 삶의 변화를 이끄는 MTS를 기획하고 구성하게 된 것입니다.

MTS는 소그룹에서 활용하기에 더없이 유익한 교재입니다. 작은 예수가 되기 위한 핵심적인 내용을 소그룹 구성원과 함께 배우고 익힐 수 있습니다. 그리고 그 배움이 앎으로만 그치지 않고, 각자의 삶의 자리에서 열매 맺히도록 도와줍니다. 함께 생각과 삶을 나누고 점검할 수 있는 기회를 마련해 주는 것입니다. MTS를 통한 교육과 훈련은 단지 공부가 아니라, 교제이자 선교이며 삶의 예배입니다.

또한 MTS는 총 10개의 학교로 진행됩니다. 이것은 평신도들이 균형있는 신앙생활을 할 수 있도록 돕습니다. 예수님을 따르기 위해 필요한 핵심 사항들을 체계적으로 정리하여 편성하였기 때문에 누구나 쉽게 배우고, 익히고, 나눌 수 있습니다.

MTS 개정판을 통해 이 땅에 작은 예수가 더 많이 세워지기를 소망합니다. 그렇게 세워진 작은 예수들이 가정과 교회를 변화시키고, 더 나아가 우리 사회와 나라의 희망이 되기를 꿈꾸어 봅니다.

2012. 8.

여의도순복음교회 담임목사 **이 영 훈**

큐티 학교는 큐티(Q.T. 경건의 시간)가 신앙인의 삶에 얼마나 중요한지, 그리고 큐티하는 삶으로 나아가기 위해 습득해야 할 내용은 무엇인지에 대해 전반적으로 다루고 있습니다. 이런 과정을 통해 큐티 학교는 성경말씀 가운데에서 하나님의 음성을 듣고, 그 깨달음으로 삶의 변화를 이룰 수 있도록 돕습니다.

총 4과로 구성된 큐티 학교는 세 단계로 분류됩니다. 첫 번째 단계는 큐티에 대한 기본 이해를 다지는 과정입니다. 큐티의 의미와 성경이 보여 주는 큐티의 원리에 대해, 큐티가 우리의 삶에 얼마나 중요한지에 대해 정리해 주고 있습니다. 이로써 큐티하는 삶으로 나아가기 위한 기본기를 다지게 됩니다.

두 번째로는 큐티를 위한 실제적인 방법에 대해 배우게 됩니다. 큐티의 순서에 맞춰서 각 단계별로 알아야 할 내용을 정리해 주고 있으며, 우리가 평소에 어렵게 느끼던 성경 해석의 기본 방법에 대해서도 가르쳐주고 있습니다. 더불어 개인 큐티를 넘어 그룹 큐티를 실행할 수 있도록 도움을 주고 있습니다.

세 번째로는 앞서 배웠던 성경 해석 방법 및 그룹 큐티의 방법에 따라 직접 큐티를 해보는 연습공간이 있습니다. 이 과정에서는 스스로 본문에 따라 연습해 볼 수 있고, 그룹별로 함께 진행해 볼 수도 있습니다. 큐티는 무엇보다 직접 실천하고 습관을 쌓아나가는 것이 중요하기 때문에 이 단계에서 열심히 연습을 하면 앞으로 큐티하는 데에 실질적인 도움이 될 것입니다.

큐티 학교 과정을 통하여 말씀 가운데에서 내게 주시는 하나님의 음성을 듣고, 그 인도하심에 따라 사는 하나님의 자녀가 되기를 바랍니다. 무엇보다 큐티의 목적은 깨달음에 머무르는 것이 아니라 삶의 변화로 나아가는 것입니다. 큐티하는 습관을 기르는 것뿐만 아니라 삶을 변화시키는 습관으로까지 나아가기를 기대하며 이 과정에 임하시길 바랍니다.

MTS를 소개합니다

1. MTS 소개

| 목적 |

• MTS는 SFS(Spiritual Formation Series – 영적 성장 시리즈)로서, 평신도를 작은 예수의 삶을 사는 사역자로 세우는 시스템입니다.
• 평신도 사역자를 체계적으로 양육할 수 있는 시스템을 교회에 제공합니다.

| 특징 |

• MTS(Ministry Training School, 평신도 사역자 훈련 학교)는 평신도를 작은 예수의 삶을 살도록 하기 위해서 제자훈련, 셀 그리고 멘토링과 코칭의 원리를 통합적으로 접목한 훈련 시스템입니다.
• 약 2년이라는 단기간에 10가지 과정을 훈련시킴으로써 사역에 필요한 사명과 자질을 준비시킬 수 있습니다.

| 실행 및 운영 |

• 인원은 개 교회에 따라 대략 다음과 같이 구성할 수 있습니다.

규모	인원
소형 교회	5-10명
중형 교회	10-20명
대형 교회	20-40명

• 대그룹 모임과 소그룹 모임이 필요한데, 대그룹 모임은 전체 인원이 함께 모입니다. 소그룹 모임은 한 그룹 당 5-7명씩 묶습니다.
• 모임은 주제 강의, 소그룹 토론 및 기도회 등으로 이루어집니다.
• 약 2년 과정을 마친 사람들을 다양한 사역현장으로 파송합니다.

| 구성 |

• 먼저 **정규 과정**은 작은 예수의 삶을 살기 위한 "그리스도 알아가기, 따라하기, 섬기기"라는 목표 아래 평신도를 사역자로 세우는 과정입니다.
• 또한 **특별 과정**은 정규 과정을 이수한 사람들이 실제적인 삶에서 작은 예수로 성장하도록 돕기 위한 심화 과정입니다.

2. MTS 약자의 의미

| 명칭 |

Ministry 사역자
Training 훈련
School 학교

| 역할 |

Mentoring or Modeling 가르치는 자의 역할
Training 배우는 자의 역할
Systematizing 시스템을 통해 운영

| 단계 |

Making Believers 신자화
Training as Disciples 제자화
Serving as Works 사역자화

3. 정규 과정의 구성 및 기간

1) **신자화 과정** : 그리스도 알아가기(1개월 차 평신도)
   신앙 입문 학교(4주)

2) **제자화 과정** : 그리스도 따라가기(1년 차 평신도)
   성경 가이드 학교(8주) – 큐티 학교(4주) – 예배 학교(8주) – 성령 학교(8주) / 성령축제
   (인텐시브 코스)

3) **사역자화 과정** : 그리스도 섬기기(2년 차 평신도)
   소그룹 리더 학교(8주) – 전도자 훈련 학교(8주) – 새가족 양육자 학교(8주) – 가정 행
   복 학교(8주) – 기도 학교(8주)

4. 특별 과정의 구성

특별 과정은 일정한 순서가 정해져 있지 않습니다. 일반 과정을 수료한 사람 혹은 교회의 필요에 따라 원하는 학교를 교육받을 수 있습니다.

특별 과정은 분야별로 다음과 같이 분류됩니다.

MTS 특별 과정	• 교회 성장 학교 • 부흥 학교 • 주일 교사 학교 • 사랑 받기 위해 태어난 사람
	• 조용기 목사의 리더십 학교 • 셀프 리더십 학교 • 리더십 개발 학교
	• 4차원의 영성 리더십 학교 • 4차원의 영성 중보 기도 학교 • 4차원의 영성 전도 학교
	• 4차원의 영성 학교 • 영적 교제 학교 • 찬양 학교 • 하나님의 소명 학교
	• 가정 성장 학교 • 결혼 예비 학교
	• 크리스천 웰빙 학교 • 크리스천 재정 학교 • 사회 봉사 학교 • 대화 학교

5. MTS 모임 형태와 순서의 예시

※ 예시 자료이므로, 각 교회의 상황에 맞게 바꿔서 활용할 수 있습니다.

시간	순서	담당자	진행방법
6:40 - 7:00	찬양	봉사자들	찬양으로 모임을 시작합니다.
7:00 - 7:10	기도	봉사자들	강의 시작 전 함께 기도합니다.
7:10 - 7:30	주제 강의	담임 목회자	40분 동안 교재의 내용을 쉽고 재미있게 강의 형태로 진행합니다.
7:30 - 7:40	티타임	봉사자들	소그룹별로 흩어지는 과정에서 잠시 교제하며 차를 마십니다.
7:40 - 8:20	소그룹 모임	소그룹 리더	4W : Welcome(아이스브레이크), Word(주제강의 반복), Witness(삶의 나눔), Work of player(기도 사역). ※ 목회자는 매주 1개 그룹씩 돌아가면서 참석합니다.
8:20 - 8:40	대그룹 기도회	담임 목회자	담임 목회자가 제시하는 기도 제목이나 소그룹에서 나온 중보 기도 제목을 놓고 함께 기도하고 마무리합니다.

MTS를 소개합니다

6. MTS 일정

※ 한 과정별로 다음과 같이 진행되며, 8주가 끝나면 워크샵을 진행합니다(4과까지 있는 교재는 4주에 마치게 됩니다).

주	1주	2주	3주	4주	5주	6주	7주	8주	
교재	1과	2과	3과	4과	5과	6과	7과	8과	워크샵
과별 사역	각 과에 필요한 과 외 프로그램을 그때마다 진행합니다.								

※ 워크샵은 다음과 같이 진행할 수 있습니다(당일, 1박 2일, 2박 3일의 세 가지 프로그램 종류가 있습니다. 교회 상황에 맞게 선택한 후, 유동성 있게 조정하여 운영합니다. 1박 2일, 2박 3일 프로그램은 「실행 매뉴얼」에 제시됩니다).

| 워크샵 당일 프로그램 |

시간	순서	진행방법
10:00 - 11:00	예배	한 학교를 끝내게 된 것에 대해 감사예배를 드립니다. 찬양을 10분 정도 드린 후, 약 40분 정도 예배를 드립니다.
10:50 - 11:00	휴식 및 광고	잠시 쉬면서 오늘 일정에 대해 광고합니다.
11:00 - 12:00	1차 복습(1-4과)	한 과당 15분 정도로 복습을 합니다. 배운 핵심 내용을 완벽하게 익힐 수 있게 합니다.
12:00 - 1:00	식탁 교제	함께 식사하며 교제를 나눕니다.
1:00 - 1:30	휴식 및 찬양	식사 후 잠시 휴식시간을 갖고 오후 일정에 들어가기 10-15분 전부터 찬양을 시작합니다. 찬양과 함께 다음 순서를 시작합니다.

1:30 – 2:30	2차 복습(5-8과)	한 과당 15분 정도 복습 시간을 갖습니다. 배운 핵심 내용을 완벽하게 익힐 수 있게 합니다.
2:30 – 2:40	휴식	소그룹 모임을 위해 자리 이동을 합니다.
2:40 – 4:00	소그룹 간증	배운 내용을 적용하고 실천하는 것과 관련하여, 소그룹 구성원끼리 간증을 나눕니다. 대그룹 간증 시간에 대표로 발표할 구성원을 선정합니다.
4:00 – 4:10	휴식	쉬면서 다시 대그룹 모임을 위해 자리 이동을 합니다.
4:10 – 5:30	대그룹 간증	소그룹의 대표가 나와서 소그룹 간증 때 나누었던 간증을 발표합니다. 소그룹 내에서만 나누었던 간증을 모두가 함께 공유할 수 있습니다. 이때 발표만 할 것이 아니라, 질문이나 조언 등도 함께 나눌 수 있게 합니다.
5:30 – 7:00	식탁 교제(파티)	점심 때보다 긴 시간을 할애하여 파티를 엽니다. 한 학교를 마치는 동안 수고한 것을 서로 격려하는 자리를 갖습니다.
7:00 – 8:00	결단의 시간 및 예배	마무리하는 예배를 드리고 예배 끝 부분에 결단의 시간을 갖습니다. 결단 목록을 미리 준비하여 함께 읽는 시간을 갖습니다. 결단 목록은 실행 매뉴얼에 제공됩니다.

MTS 개정판 매뉴얼

오늘 우리는...

이 과의 전체 학습 목표와도 같습니다.
이 과를 통해 궁극적으로 알아야 할 것이 무엇인지를 먼저 파악할 수 있게
합니다.

마음 문 열기

이 과의 학습 내용과 관련된 예화가 제시됩니다.
이어질 학습 내용을 이야기를 통해 먼저 쉽게 접할 수 있습니다.

여기서 잠깐

예화를 읽고 나서 생각을 스스로 점검할 수 있게 해주는 질문이 마련되어
있습니다.
잠깐의 묵상을 통해 좀 더 진지하게 학습 내용에 임할 수 있게 합니다.

배움과 익힘

본격적인 학습 내용이 제시되어 있는 공간입니다.
중제목(1, 2, 3...)과 소제목(가, 나, 다...) 틀 안에 반드시 알아야 할 내용들이
정리되어 있기 때문에 누구나 쉽게 학습할 수 있습니다. 또한 학습 내용을
뒷받침해 주는 성구들이 삽입되어 있습니다.

더불어 나눔

이 과를 공부하고 난 후, 소그룹 구성원과 나눌 수 있는 질문과 묵상 및 결
단들이 제시되어 있습니다.
배운 내용을 토대로, 혹은 각자의 경험에 기반하여 솔직하게 대화할 수 있
습니다.

마음 밭에 심기
– 주제 말씀 암송

배움과 익힘에 나온 여러 성구 중, 대표적이면서도 특별히 기억하면 좋은 성
구가 제시되어 있습니다.
주제 말씀 암송과 더불어 말씀대로 실천하고자 노력한다면, 이 과를 더욱
풍성히 삶에 적용할 수 있을 것입니다.

마음에 새기기

이 과에서 다루어진 내용을 최종적으로 점검할 수 있는 공간입니다.
배움과 익힘의 내용이 중제목, 소제목별로 한 두 문장씩 정리가 되어 있기
때문에 복습하기에 유리합니다.

참고문헌 및
추천도서

참고했던 도서와 추가로 참고하면 좋은 도서들이 제시되어 있습니다.
개인적으로 공부를 더 하고자 할 때, 도움이 됩니다.

Contents

큐티(Q.T. 경건의 시간)에 대한이해

오늘 우리는...
- 이 과를 통해, 큐티의 의미와 성경적 원리에 대해 알게 됩니다.
- 이 과를 통해, 큐티가 신앙생활에 있어 얼마나 중요한지 알게 됩니다.

마음 문 열기

　'조니 에릭슨 타다' 라는 사람이 있습니다. 그녀는 고등학교 시절에 수영하러 갔다가 사고를 당해서 목 아래의 모든 신체를 쓰지 못하게 되었습니다. 놀랍게도 그녀는 그 사고를 당하고 구급차에 실려 병원에 갈 때에 시편 23편을 외우며 묵상했습니다. "여호와(야훼)는 나의 목자시니 내게 부족함이 없으리로다 그가 나를 푸른 풀밭에 누이시며 쉴 만한 물 가로 인도하시는도다" 계속 그 말씀을 묵상하고 붙들면서 중환자실에서 지냈습니다. 중환자실에는 모두 심각한 사고를 당하거나 중한 병을 가진 사람들이 누워있었습니다. 그녀는 계속해서 옆에 있던 사람들이 죽어나가는 일을 지

14

켜보아야 했습니다.

　이런 힘든 상황에서도 그녀는 늘 말씀을 붙들고 의지하며 믿음으로 이겨냈습니다. 환난 속에서 근심을 몰아냈던 것입니다. 그리고 그림을 그리기 시작했습니다. 목 위로만 자유롭게 움직일 수 있었기 때문에 펜을 물고 그림을 그리고 글을 썼습니다. 사람들은 그녀의 그림을 보고 큰 감동을 받았습니다. 그녀는 계속해서 그림을 그렸고 그림에 이름을 새길 때에는 이름 옆에다가 P.T.L.이라는 약자를 썼습니다. '프레이즈 더 로드'(Praise The Lord), 곧 주님을 찬양한다는 글을 새겨놓은 것입니다. 또한 그녀는 휠체어를 타고 다니면서 자기처럼 고난당하는 사람들에게 복음을 전했습니다. 더불어 『조니』(Joni)라는 책을 써서 많은 사람에게 주님의 사랑과 희망을 전하고 있습니다.

여기서 잠깐

말씀을 묵상하고 붙들었던 한 사람의 신앙이
많은 사람을 살릴 수 있는 이유는 무엇일까요?

_____

_____

1. 큐티의 의미

가. 큐티의 정의

큐티는 '콰이어트 타임'(Quiet Time)의 약자로, 말씀과 기도로 하나님과 교제하는 경건의 시간을 말합니다.

큐티는 하나님과의 교제를 통해 하나님과 인격적으로 친밀해지는 것, 하나님을 아는 지식이 깊어지는 것을 포함합니다. 또한 하나님을 아는 지식 속에서 나의 삶의 모습과 성품을 변화시켜 나가는 것까지 포함합니다.

나. 큐티라는 용어의 유래

큐티는 1882년 영국 캠브리지대학의 7명의 학생이 일으킨 경건운동에서 시작됩니다. 운동의 주축이 된 후퍼와 도르톤은 자신들이 그리스도인임에도 불구하고 세속적인 경향으로 가득 차 있음을 발견했습니다. 그들은 하루의 시간 중 얼마를 성경 읽기와 기도에 사용함으로써 세속적인 모습들을 극복하려고 했습니다.

16

그들은 그 시간을 '경건의 시간'(Quiet Time)이라고 불렀습니다. 그리고 자신들의 경건운동이 다른 사람들 가운데에도 이어지기를 바라며 '경건의 시간을 기억하자!'라는 슬로건을 내세웠습니다. 이후 큐티로 하나님과 친밀한 교제의 시간을 가졌던 그들은 결국 중국 선교사가 되었으며 평생 하나님을 위한 사역에 헌신했습니다. 후에 사람들이 이들의 경건훈련 방법인 경건의 시간을 활용하기 시작했습니다.

2. 큐티의 성경적 원리

성경을 잘 읽어보면 큐티를 잘할 수 있는 원리들을 발견하게 됩니다.

가. 들으라

성경에서 귀는 생명의 출발점으로 묘사되고 있습니다. 우리는 복음을 귀로 들은 후에 마음으로 믿어 구원을 받습니다. 그만큼 신앙생활에 있어 듣는 것은 중요합니다. 신앙생활은 우리 뜻대로 무엇인가를 하는 것이 아니라 하나님의 뜻을 듣고 그 뜻대로 사는 것이기 때문입니다.

큐티 역시 내 생각과 의지대로 무엇인가를 하는 것이 아니라 '하나님의 음성을 듣는 것'에 핵심을 둡니다. 그러므로 큐티를 할 때에는 마음을 가다듬고 하나님의 세밀한 음성을 듣기 위해 노력해야 합니다.

> 그러므로 믿음은 들음에서 나며
> 들음은 그리스도의 말씀으로 말미암았느니라 로마서 10:17

나. 주야로 가까이 하라

큐티는 말씀을 가까이하는 것입니다. 가까이한다는 것은 곧 시간을 그 일에 사용하는 것입니다. 그러므로 바쁘더라도 시간을 내어 큐티의 자리를 마련해야 합니다.

그리고 큐티는 아침에만 하는 것이 아니라 점심시간, 저녁시간에도 필요합니다. 아침에는 말씀에 비춰 하나님의 뜻을 구하고, 저녁에는 말씀에 비춰 그 뜻대로 살았는지를 되돌아볼 수 있기 때문입니다. 성경은 주야로 하나님의 말씀을 묵상하는 자의 삶에 대해 말하고 있습니다.

> 오직 여호와(야훼)의 율법을 즐거워하여
> 그의 율법을 주야로 묵상하는도다 시편 1:2

다. 마음판에 새기라

말씀을 듣고 깨닫는 것에 그쳐서는 안 됩니다. 우리의 마음에 분명하게 새겨지고, 귀에 그 말씀이 계속 울려야 합니다. 성경은 말씀을 마음판에 새기는 좋은 방법으로 암송을 말하고 있습니다. 암송은 길을 걸을 때나 잠자리에 들 때에도 하나님을 마음속에 모셔들일 수 있는 좋은 방법입니다.

> 오늘 내가 네게 명하는 이 말씀을 너는 마음에 새기고
> 네 자녀에게 부지런히 가르치며 집에 앉았을 때에든지
> 길을 갈 때에든지 누워 있을 때에든지 일어날 때에든지
> 이 말씀을 강론할 것이며 신명기 6:6-7

라. 실천하라

참된 성도의 삶은 믿음과 실천이 함께 갑니다. 그러므로 큐티를 통해 묵상한 말씀을 하루 동안 실천하려는 노력이 필요합니다. 말씀이 나의 삶에 적용될 때 삼십 배, 육십 배, 백 배의 열매가 맺히게 됩니다. 성경은 듣는 것과 행하는 것을 동시에 강조하고 있습니다.

> 그러므로 누구든지 나의 이 말을 듣고 행하는 자는
> 그 집을 반석 위에 지은 지혜로운 사람 같으리니 마태복음 7:24

마. 서로 나누라

큐티를 통해 깨달음을 얻었으면 그것을 다른 사람에게 전달해야 합니다. 특히 소그룹(가족, 구역, 사역 소그룹 등)에서 은혜 받은 말씀을 나누게 되면 그 내용이 더욱 풍성해지며 서로에게 격려와 힘을 줄 수 있습니다. 성경에는 깨달음을 전하고 나누는 과정을 통해 예수님의 제자들이 세워지는 모습이 등장합니다.

> 내가 행한 모든 일을 내게 말한 사람을 와서 보라
> 이는 그리스도가 아니냐 하니 요한복음 4:29

3. 큐티의 유익

가. 영적 성장

큐티는 하나님과 영적인 대화를 나누는 시간입니다. 매일 말씀을 묵상함으로 영의 양식을 먹고 성숙한 그리스도인으로 성장할 수 있습니다.

> 갓난 아기들 같이 순전하고 신령한 젖을 사모하라
> 이는 그로 말미암아 너희로 구원에 이르도록
> 자라게 하려 함이라 베드로전서 2:2

나. 하나님과의 교제

상대방을 알려면 함께 지내는 시간이 반드시 필요합니다. 큐티는 하나님과 개인적인 만남을 갖게 하는 도구입니다. 매일의 묵상은 하나님의 뜻과 말씀을 더 깊이 깨닫게 합니다.

> 오직 우리 주 곧 구주 예수 그리스도의 은혜와
> 그를 아는 지식에서 자라 가라 영광이 이제와 영원한 날까지
> 그에게 있을지어다 베드로후서 3:18

다. 하나님의 인도하심을 경험

세상은 그리스도인에게 있어서 영적인 싸움터입니다. 이러한 영적 싸움에서 승리하기 위해서는 날마다 주님의 인도하심을 받아야 합니다. 우리는 큐티를 통해 일상생활에서 생기는 문제에 대한 구체적인

해답을 얻을 수 있습니다.

> 여호와(야훼)께서 너희 앞에서 멸망시키신 민족들 같이
> 너희도 멸망하리니 이는 너희가 너희의 하나님 여호와(야훼)의 소리를
> 청종하지 아니함이니라 신명기 8:20

라. 지혜가 더해감

모든 지혜의 근원은 여호와(야훼)를 경외하는 것입니다. 하나님을 경외하는 법은 성경을 통해서 얻을 수 있습니다. 큐티를 통해 날마다 하나님의 말씀을 가까이하면 지혜와 명철이 생깁니다.

> 내가 주의 증거들을 늘 읊조리므로
> 나의 명철함이 나의 모든 스승보다 나으며 시편 119:99

마. 예수님을 닮아감

진정한 그리스도인은 예수님을 따라 그분의 성품과 인격을 닮아갑니다. 큐티를 통해 말씀을 가까이하고 그 말씀을 삶에 적용하면 예수님을 닮은 성숙한 그리스도인으로 변화되어 갑니다.

> 하나님이 미리 아신 자들을 또한 그 아들의 형상을
> 본받게 하기 위하여 미리 정하셨으니 이는 그로 많은 형제 중에서
> 맏아들이 되게 하려 하심이니라 로마서 8:29

바. 온전해짐

큐티를 뜻하는 묵상의 어원인 라틴어 '메디타리'(meditari)는 '주의하다, 밤새우다, 마음으로 생각하다, 단련하다, 익숙해지다' 라는 뜻을 지닙니다. 큐티를 하면 하나님의 말씀이 내면에 퍼지기 때문에 자신도 모르게 내면세계가 점점 깊이 있게 되고 온전한 사람으로 성장하게 됩니다.

> 모든 성경은 하나님의 감동으로 된 것으로
> 교훈과 책망과 바르게 함과 의로 교육하기에 유익하니
> 이는 하나님의 사람으로 온전하게 하며
> 모든 선한 일을 행할 능력을 갖추게 하려 함이라 디모데후서 3:16-17

사. 영혼의 만족과 풍성한 삶을 누림

말씀 묵상은 우리의 영혼을 즐겁게 하며 풍요롭게 합니다. 우리가 더욱 더 기쁨의 삶을 살 수 있는 방법은 말씀 안에 거하는 것입니다. 하나님은 말씀을 사모하는 영혼에게 좋은 것으로 채워 주십니다.

> 골수와 기름진 것을 먹음과 같이 나의 영혼이 만족할 것이라
> 나의 입이 기쁜 입술로 주를 찬송하되 시편 63:5
>
> 그가 사모하는 영혼에게 만족을 주시며
> 주린 영혼에게 좋은 것으로 채워주심이로다 시편 107:9

제1과 큐티(Q.T. 경건의 시간)에 대한 이해

1. 큐티를 통해 영육 간에 유익을 경험한 적이 있다면 함께 나누어 봅시다.

_____

_____

_____

2. 앞으로 꾸준히 큐티하는 삶을 살기로 서로 결단해 보고, 또 그런 삶을 통해 찾아올 놀라운 변화를 기대하는 시간을 가져 봅니다.

_____

_____

_____

마음 밭에 심기

주제 말씀 암송

오직 여호와(야훼)의 율법을 즐거워하여 그의 율법을 주야로
묵상하는도다 시편 1:2

큐티는 조용한 시간에 말씀과 기도로 하나님과 교제하는 것입니다

1. 큐티는 하나님과 교제하고 이를 통해 하나님과 더욱 친밀해지는 것입니다.
2. 큐티는 하나님을 아는 지식을 통해 삶을 변화시켜나가는 것까지 포함합니다.
3. 큐티는 캠브리지대학의 7명의 학생이 일으킨 경건운동에서 시작됩니다.

성경은 큐티의 원리들을 가르쳐주고 있습니다

1. 말씀을 듣고 주야로 가까이해야 합니다.
2. 꾸준히 읽고 암송함으로써 마음판에 새겨야 합니다.
3. 큐티한 말씀을 삶에 적용하여 실천하고 나누어야 합니다.

큐티는 우리에게 많은 유익을 안겨 줍니다

1. 매일 말씀을 묵상하면 영적으로 성장합니다.
2. 하나님을 더 깊이 알아가고 하나님의 인도하심 속에서 지혜롭게 살아가게 됩니다.
3. 예수님을 닮아가고 온전한 사람이 되어가며 그 가운데에서 영혼의 만족과 풍성한 삶을 누립니다.

제 2 과
큐티의 실제

오늘 우리는...
• 이 과를 통해, 큐티하는 순서에 대해 알게 됩니다.
• 이 과를 통해, 큐티하는 구체적인 방법을 순서에 맞게 배우게 됩니다.

마음 문 열기

한국의 도자기 산업에 가장 크게 기여하고 있는 한국도자기 김동수 회장의 일화입니다. 김 회장은 가업으로 도자기 업을 물려받았는데 빚이 점점 늘어나서 매출액의 40%를 이자로 물어야 했습니다. 사채 빚까지 점점 늘어나서 빚이 무려 300억 원에 달했습니다. 종업원 월급도 석 달이나 밀렸고, 공장을 다 처분해도 전체 빚의 20% 밖에 갚을 수 없는 그런 절망적인 상황에 처했습니다. 그때 그는 성경말씀을 붙잡았습니다. 그리고 부르짖어 기도하기 시작했습니다. 당시 그가 붙잡았던 말씀은 빌립보서 4장 13절 "내게 능력 주시는 자 안에서 내가 모든 것을 할 수 있느니라"였습니다. 그는 그 말씀을 묵상하고 하루에도 몇 백번씩 외치고, 또 외쳤습니다. 그리고 계속 기도했습니다.

26

놀랍게도, 그 말씀대로 1973년에 모든 빚을 다 갚게 되었습니다. 뿐만 아니라 하나님은 한국도자기를 세계 5대 도자기 메이커가 되게 하셨습니다. 김 회장은 하나님의 은혜에 감사해서 "이제 남은 생애를 주님

의 영광을 위해 살겠습니다."라고 선포하며 주님을 섬기고 열심히 선교하는 일에 앞장서게 되었습니다. 이처럼 절망적인 상황 속에서도 약속의 말씀을 붙들고 묵상하며 삶에 적용하면 놀라운 기적이 현실로 다가오게 되는 것입니다.

여기서 잠깐

지금 내가 하나님의 말씀을 붙들고 의지하여
누리고 있는 기적에는 어떤 것이 있습니까?

_____

_____

1. 큐티의 준비 단계

가. 준비기도

그리스도인은 모든 일을 기도로 시작해야 합니다. 하나님의 음성에 귀를 기울이는 큐티도 마찬가지입니다. 큐티를 위한 준비기도를 할 때에는 자신의 욕심, 염려, 죄, 안일한 생각 등을 내려놓아야 합니다. 그리고 전적으로 하나님의 말씀에 순종하겠다는 결단이 필요합니다. 기도할 때에는, 오늘 나에게 허락하신 말씀을 달라고 기도하거나 오늘 하루를 살아가는 데에 필요한 말씀을 주시길 기도합니다.

> 여호와(야훼)여 아침에 주께서 나의 소리를 들으시리니
> 아침에 내가 주께 기도하고 바라리이다 시편 5:3

나. 찬양

큐티하기 전에 찬양을 드리며 마음 문을 여는 것이 필요합니다. 하나님의 인자하심을 찬양하며 그분 앞에 나아가는 것은 하나님의 말씀을 사모하는 모습입니다. 한두 곡의 찬양을 부르면서 성령님의 임재하심을 기대하는 시간을 갖습니다.

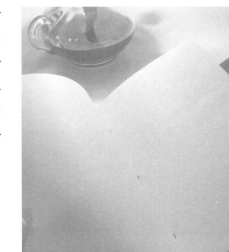

28

> 여호와(야훼)를 경외함이 지혜의 근본이라
>
> 그의 계명을 지키는 자는 다 훌륭한 지각을 가진 자이니
>
> 여호와(야훼)를 찬양함이 영원히 계속되리로다 시편 111:10

다. 큐티할 때의 자세

하나님의 임재하심 가운데에서 큐티를 하기 위해 다음과 같은 자세를 갖는 것이 필요합니다.

1) 주님께서 나를 위해 하신 일에 감사하는 마음이 필요합니다.
2) 하나님과 인격적으로 교제할 수 있도록 마음 문을 열어야 합니다.
3) 하나님의 음성을 들으려는 겸손과 인내, 그리고 간절한 마음을 가져야 합니다.
4) 하나님의 인도하심에 순종하겠다는 자세가 필요합니다.
5) 하나님이 원하시는 길을 걸어갈 수 있는 힘을 간구해야 합니다.

2. 큐티의 본 단계

가. 본문 읽기

큐티란 본문에서 나에게 무엇을 말씀하시려고 하는지를 자세히 살펴보는 시간입니다. 성령님은 말씀을 통해 각 사람에 맞게 나아갈 바를 알려 주십니다.

매일 읽을 말씀을 미리 정해 놓고, 그날 주어진 본문을 소리 내어 세 번에서 다섯 번 정도 반복해서 천천히 읽습니다. 본문을 읽을 때에는 자주 반복되는 말과 강조되는 표현을 관찰하는 것이 바람직합니다.

> 그것을 읽으면 내가 그리스도의 비밀을 깨달은 것을
> 너희가 알 수 있으리라 에베소서 3:4

하워드 핸드릭스 교수는 큐티를 위해 다음과 같은 방법으로 본문을 읽으라고 조언합니다.
1) 처음 읽는 것처럼 읽기
2) 연애편지 읽듯이 읽기
3) 탐구하는 자세로 읽기
4) 반복해서 읽기(다른 방법, 다른 역본을 통해 여러 번 읽기)
5) 분석적으로 읽기(누가, 왜, 무엇을 등의 질문을 던져가며 읽기)

만일 본문이 잘 이해가 되지 않을 때에는 성경사전과 주석 등의 도움을 받아 주어진 본문을 제대로 이해해야 합니다. 어려운 본문이라고 해서 그냥 넘어가서는 안 됩니다. 모든 말씀 속에 생명이 있고, 어려운 구절 속에도 하나님께서 나에게 주시고자 하는 메시지가 있기 때문입니다. 그러므로 올바로 큐티를 하기 위해서는 성경본문의 뜻을 객관적으로 해석하는 것이 필요합니다(성경 해석에 관해서는 3과에서 구체적으로 다루게 됩니다).

나. 묵상하기

묵상은 소가 음식물을 되새기듯이 말씀을 계속적으로 생각하는 것입니다. 말씀 안에 우리를 위해 하나님께서 저장해 놓으신 진리들을 발견할 때까지 여러 차례 되새기는 것입니다. 본문 구절 중에 마음에 와 닿는 말씀을 중심으로 여러 번 생각하며 하나님이 내게 주시는 메시지를 듣는 것이 중요합니다. 내 마음에 말씀이 와 닿았다는 것은 단순히 나의 생각을 넘어 성령님이 내 마음을 움직이시는 것입니다.

그리고 본문 중에서 특별히 와 닿은 말씀이 있으면 그 말씀에 비추어 자신의 모습을 비교해 보면 됩니다. 그 말씀 속에 나를 향한 하나님의 계획과 인도하심의 내용이 있는지, 하나님의 뜻을 이루어 가는 데 필요한 지혜가 있는지, 나 자신의 문제에 대해 말씀하시는 것은 없는지 등을 살펴봅니다.

큐티하는 본문의 내용을 이해하지 못한 경우에 말씀이 와 닿지 않을 수 있습니다. 잘 생각하며 본문을 세 번에서 다섯 번 정도 읽으면 대개는 본문의 정확한 의미를 파악할 수 있습니다.

다. 결단하고 기록하기

읽는 가운데 나에게 적용할 내용을 찾아 노트에 기록합니다. 적용은 개인적이고, 구체적이며, 실천 가능한 것이어야 합니다. 기록을 하게 되면 은혜 받은 말씀을 더욱 구체적으로 느낄 수 있고, 이것이 쌓이게 되면 하나님이 나를 인도하신 여정을 보여 주는 자료가 됩니다.

큐티한 내용을 꾸준히 기록할 수 있도록 큐티노트를 따로 마련해서 받은 은혜의 메시지와 내 삶에 적용할 부분 및 결단 등을 기록하도록 합니다.

3. 큐티의 적용 단계

가. 큐티 적용의 원칙

적용은 깨달은 내용을 나의 상황에 대입해 보았을 때, 부족한 것은 무엇이고 앞으로 해야 할 것은 무엇인지를 구체적으로 생각하고 실천하는 것입니다. 또한 큐티의 목표는 말씀을 삶 속에 적용하고 하나님의 뜻대로 형통케 하는 것입니다. 말씀을 우리의 삶에 효과적으로 적용하기 위해서는 다음의 세 가지 원칙을 염두에 두어야 합니다.

1) 개인적(personal)

큐티의 본질은 오늘 '내게' 주신 하나님의 말씀을 듣는 것입니다. 그러므로 타인에 대한 적용은 말씀에 대한 정확한 내용을 희석시키거나 빗나가게 합니다. 하나님의 말씀을 자신의 삶 속에 받아들일 때 내 안에 변화가 일어납니다.

> 각각 자기의 일을 살피라 그리하면 자랑할 것이
> 자기에게는 있어도 남에게는 있지 아니하리니 갈라디아서 6:4

2) 구체적(practical)

깨달은 진리를 실천할 구체적인 방법을 생각해야 합니다. 적용할 때 '과연 무엇을, 언제, 어디서, 누구에게, 어떻게 할 것인가?' 라는 구체적인 질문을 던지는 것이 중요합니다.

가령 아래의 누가복음 19장 8절의 경우, 삭개오가(누가) 자신의 소유의 절반을(무엇을) 가난한 자들에게(누구에게) 빼앗은 일이 있으면(언제) 갑절이나 갚겠다는 것(어떻게)을 구체적으로 파악한 후, 내가 처한 상황에 맞게 적용할 수 있습니다.

> 삭개오가 서서 주께 여짜오되 주여 보시옵소서
> 내 소유의 절반을 가난한 자들에게 주겠사오며 만일 누구의 것을 속여
> 빼앗은 일이 있으면 네 갑절이나 갚겠나이다 누가복음 19:8

3) 실현가능한(possible)

적용은 자신이 직접 실천할 수 있는 것으로 한정해야 합니다. 실패할 수밖에 없는 과도한 목표나 반대로 자신의 능력을 과소평가하는 것도 좋지 않습니다. 하나님이 주신 믿음의 분량대로 적용하는 것이 바람직합니다.

내게 주신 은혜로 말미암아 너희 각 사람에게 말하노니
마땅히 생각할 그 이상의 생각을 품지 말고
오직 하나님께서 각 사람에게 나누어 주신 믿음의 분량대로
지혜롭게 생각하라 로마서 12:3

나. 실천과 나눔

큐티를 통해 받은 은혜와 깨달음은 나 자신의 삶 속에, 그리고 다른 사람의 삶 속에 영향을 미쳐야 합니다.

1) 개인의 삶 속에서 실천

큐티를 통해 받은 은혜를 평상시의 삶 속에서도 계속 떠올려야 합니다. 그리고 그 말씀대로 나 자신의 삶이 먼저 변화되도록 노력해야 합니다.

실천하는 가운데 방해물이 생기거나 연단이 따를 수 있습니다. 그러나 그 과정 속에서도 성령님을 의지하고 말씀을 붙들며 노력해야 합니다. 그 가운데 더 큰 은혜가 임합니다.

2) 다른 사람들과 나눔

큐티를 통해 얻은 은혜는 혼자서만 간직할 것이 아니라 서로 나누어야 합니다. 말씀 가운데 주신 음성은 나에게 주신 말씀이기도 하지만 동시에 다른 사람을 살리는 말씀이 됩니다. 그리고 그 은혜를 나누는 교제의 삶 자체가 큐티의 연장선입니다.

1. 큐티를 해본 경험이 있다면, 자신이 해왔던 큐티 방법(큐티하는 시간, 큐티할 때 사용하는 책이나 노트, 큐티 순서 등)에 대해 서로 나누어 봅시다.

_____

_____

_____

2. 큐티를 통해 하나님의 음성을 듣는 사람이 될 수 있도록 기도하는 시간을 가집시다.

_____

_____

_____

마음 밭에 심기

주제 말씀 암송
여호와(야훼)여 아침에 주께서 나의 소리를 들으시리니 아침에 내가 주께 기도하고 바라리이다 시편 5:3

마음에 새기기

큐티할 때에는 먼저 기도와 찬양으로 준비합니다

1. 하나님께 오늘 하루를 살아가는 데에 필요한 말씀을 달라고 기도합니다.
2. 찬양을 통해 마음 문을 엽니다.
3. 오늘 주신 말씀에 순종하겠다는 자세로 큐티에 임합니다.

본문 읽으면서 하나님이 주시는 말씀 앞에 나아갑니다

1. 미리 정해놓은 말씀을 반복해서 읽고 어려운 부분은 성경 사전, 주석을 통해 해석합니다.
2. 마음에 와 닿은 구절을 묵상하며 성령님이 주시는 음성에 귀 기울입니다.
3. 삶 속에서 어떻게 실천할지 결단하고 그 말씀을 기록해 놓습니다.

큐티의 최종적인 목표는 말씀을 삶 속에 적용하는 것입니다

1. 적용해야 할 말씀은 개인적이고, 구체적이고, 실현가능해야 합니다.
2. 큐티를 통해 받은 은혜를 평상시의 삶 속에서도 상기시키고 실천해야 합니다.
3. 큐티를 통해 얻은 은혜를 서로 나누어야 합니다.

제 3 과

큐티를 위한
성경 해석

오늘 우리는...
- 이 과를 통해, 큐티에 필요한 성경 해석의 원칙과 원리에 대해 알게 됩니다.
- 이 과를 통해, 큐티에 필요한 성경 해석의 실제적인 방법에 대해서 배우게 됩니다.

마음 문 열기

　　중국 지하교회의 영적 아버지라고 불리며 중국의 바울이라고 알려진 왕명도(중국식 이름은 왕밍따우) 목사의 이야기입니다. 왕명도 목사는 열여덟 살 때 알 수 없는 질병으로 사경을 헤매게 되었습니다. 그때 "하나님, 저를 살려주시면 제가 일생을 바쳐 주님을 위해 일하겠습니다."라고 기도했습니다. 그때 기적적으로 병이 나았고 주님의 종이 되기로 결심하여 목사 안수를 받게 되었습니다. 그런데 1949년에 중국이 공산화되면서 말할 수 없는 핍박이 시작되었습니다. 그가 공산당에게 체포되어서 끌려가 매를 맞고 고문을 당하는데 얼마나 고문이 심했는지 나중에는 견딜 수가 없었습니다.

결국 '나는 예수 그리스도를 모릅니다'라고
적힌 종이에 사인을 하고 풀려 나왔습니다.

그런데 풀려 나온 이후, 예수님을 부인했다
는 마음에 괴로움이 사라지지 않았습니다. 성
경에서 예수님을 배신한 베드로가 꼭 자신의
모습이라고 생각되었습니다. 그래서 그는 회개하고 목에 간판을
걸고 북경의 정부청사 앞에 나갔습니다. 간판에는 '제 이름은 배
신자 베드로입니다. 저는 저를 사랑하시는 주님을 배신했습니다'
라는 문구가 쓰여져 있었습니다. 공안원들은 그 모습을 보고 다시
그를 잡아서 감옥에 넣었고, 그로부터 19년 동안 감옥에 있었습니
다. 19년 동안 말할 수 없는 핍박을 받으며 고문당했습니다. 이후
나이가 너무 많아서 감옥에서 죽을지도 모른다는 판단 하에 풀려
났습니다. 그리고 왕명도 목사가 감옥에서 믿음을 지켜온 이야기
를 통해 지하교회는 더욱 힘을 얻고 부흥하게 되었습니다. 왕명도
목사는 베드로가 배신한 모습 속에서 자신을 발견했고, 베드로처
럼 다시 회개하고 돌이켜 예수님의 고난에 동참하게 된 것입니다.

여기서 잠깐

우리는 성경말씀을 묵상할 때,
그 속에서 어떠한 자신의 모습을 발견하고 있습니까?

1. 성경 해석의 기본 원칙

가. 성경은 성경으로 해석하라

성경을 성경으로 비교하면서 푸는 것이 해석의 기본 원칙입니다. 성경은 결코 서로 모순되지 않기 때문에 성경의 한 구절은 다른 구절을 통해 해석할 수 있습니다. 성경을 전체적으로 파악하고 있으면 큐티를 할 때 해석학적 오류를 피할 수 있습니다.

> 먼저 알 것은 성경의 모든 예언은 사사로이 풀 것이 아니니
> 예언은 언제든지 사람의 뜻으로 낸 것이 아니요
> 오직 성령의 감동하심을 받은 사람들이
> 하나님께 받아 말한 것임이라 베드로후서 1:20-21

나. 성경의 공통된 주제를 찾아라

성경은 다양한 저자들에 의해 기록되었습니다. 그러나 하나의 일관된 주제를 다루고 있습니다. 그 주제는 바로 예수 그리스도의 구속 사역입니다. 다시 말하면, '예수 그리스도를 통해 이루신 하나님의 구원 계획'입니다. 큐티를 할 때에는 이 말씀이 예수 그리스도와 어떤 연관이 있는지 살펴야 합니다.

> 너희가 성경에서 영생을 얻는 줄 생각하고 성경을 연구하거니와
> 이 성경이 곧 내게 대하여 증언하는 것이니라 요한복음 5:39

다. 성령의 도우심을 구하라

성경은 하나님의 영감으로 된 계시의 책입니다. 그렇기 때문에 우리는 성령께서 조명해 주실 때 성경을 온전히 이해할 수 있습니다. 그러므로 큐티할 때에는 항상 성령님께서 성경을 잘 해석할 수 있도록 도와주시길 기도해야 합니다.

> 우리가 이것을 말하거니와 사람의 지혜가 가르친 말로 아니하고
> 오직 성령께서 가르치신 것으로 하니
> 영적인 일은 영적인 것으로 분별하느니라 고린도전서 2:13

2. 성경 해석의 원리

가. 역사적 배경을 파악하기

성경은 특수한 역사적 상황 속에서 기록되었습니다. 그러므로 우리는 성경이 쓰여진 시대적 상황과 문화적 배경을 알아야 합니다. 역사적 배경을 고려할 때 본문의 일차적 의미를 깨닫게 되고, 더욱 정확하게 적용할 수 있습니다.

배경을 살피는 과정 속에서 다음과 같은 부분을 생각해 보아야 합니다.
1) 모르는 것이나 혼동되는 대목을 잘 생각해 보고 그 배경에 비추어 어떤 도움을 받을 수 있을지를 생각하기
2) 본문이 당시의 사람들에게 어떤 의미를 가져다주었을지를 생각하기
3) 본문이 오늘날의 문화에서 어떤 뜻으로 이용되고 관련되는지를 생각하기

나. 문맥을 고려하기

큐티를 할 때 특정 구절에 집중해야 하지만 전후 문맥을 고려하는 것을 잊어서는 안 됩니다. 관련된 전후 문장을 함께 읽으면서 단어나 내용 사이의 연관성을 발견해야 합니다.

다. 어휘를 이해하기

어휘는 건물로 본다면 벽돌과 같은 것입니다. 어휘는 언어의 기본

적인 단위로서 한 단어가 여러 가지 의미를 갖는 경우가 많습니다. 그러므로 큐티를 할 때에는 단어의 정확한 의미를 파악하는 것이 중요합니다. 특히 사전을 활용하거나 문맥 속에서 의미를 발견해 볼 수 있습니다.

라. 저자의 목적을 파악하기

저자의 의도를 이해할 때 더욱 정확한 해석을 할 수 있습니다. 큐티를 할 때에는 저자의 의도를 언급하는 부분을 찾아보아야 합니다. 만약 뚜렷하게 제시된 부분이 없다면 저자가 반복하고 있는 표현 등을 살펴볼 필요가 있습니다.

마. 문법을 이해하기

문법은 단어를 연결시키는 원리입니다. 이 원리를 모르면 성경을 올바로 해석할 수 없습니다. 동사의 시제나 대명사, 접속사 등에 주의해서 성경을 해석해야 합니다.

문법의 원칙을 적용할 때 다음의 방법을 사용할 수 있습니다.
1) 한 절이나 구절에서 뜻이 분명치 않으면 그 중심 낱말을 찾아서 문법적으로 정의를 내리기
2) 주 단어를 주위의 단어들과 함께 놓고 그 관계를 찾기
3) 주 단어가 그 내용에 줄 수 있는 뜻을 가능한 여러 가지로 생각하기
4) 한 단어에 여러 개의 뜻이 있으면 문맥을 살피면서 다른 해석 원칙도 생각하기

3. 큐티를 위한 성경 해석 과정

가. 관찰

관찰은 마치 어떤 실마리를 찾기 위해 수사하는 탐정처럼 성경 본문을 여러 번 읽고 살피는 과정입니다. 먼저 성경주해서 및 참고 자료를 활용하여 연구합니다. 본문의 역사적 배경, 자주 반복되는 단어, 문단의 내용, 주제나 내용의 변화, 문법적인 구조, 문학 장르, 육하원칙(누가, 언제, 어디서, 무엇을, 어떻게, 왜)에 따른 분석 등에 중점을 두어 관찰해야 합니다.

나. 해석

해석은 본문이 무엇을 의미하는지를 살펴보는 과정입니다. 정확한 의미를 파악하지 못하면 큐티의 방향이 잘못되기 쉽습니다. 본문의 바른 해석을 위해서 본문에 대한 질문을 만들어서 대답해 보는 것도 좋은 방법입니다.

해석의 과정은 다음과 같습니다.
1) 본문과 관련하여 질문해 보기
2) 제기한 질문에 대한 답을 찾기
3) 필요한 단어 연구하기
4) 관주를 검토하기
5) 건전한 번역 성경들을 읽어 보기
6) 주석을 점검하기
7) 결론을 요약하기

다. 종합 및 적용

1) 묵상하기

종합하고 적용하기 위해서는 반드시 묵상이 필요합니다. 묵상은 읽은 내용을 되새겨 보는 것입니다. 여러 구절보다는 한두 구절에 집중하여 반복해서 생각해 보는 것도 좋습니다.

2) 기록하기

해석하고 묵상한 본문의 메시지를 질서 있게 종합하고 정리하여 기록합니다.

3) 적용하기

'말씀이 어떻게 나의 생활 속에 역사할 수 있는가?'에 대한 질문과 답변을 해야 합니다. 적용은 구체적일수록 좋습니다. 적용에 필요한 질문으로는 '그 구절에 나타나는 가르침은 무엇인가?', '그 구절이 어떻게 나를 책망하는가?', '그 구절을 통해 잘못된 것을 어떻게 바로 잡을 수 있는가?' 등이 있습니다.

4. 성경 해석을 통한 큐티의 실제

3번에서 다룬 순서에 맞게 다음과 같이 성경 해석 및 큐티를 할 수 있습니다. 또한 아래의 순서는 2과에서 다룬 큐티의 순서와도 맞물립니다.

가. 관찰의 실제

1) 본문을 먼저 읽기

〈신명기 10:12-20〉

12 이스라엘아 네 하나님 여호와(야훼)께서 네게 요구하시는 것이 무엇
   이냐 곧 네 하나님 여호와(야훼)를 경외하여 그의 모든 도를 행하고
   그를 사랑하며 마음을 다하고 뜻을 다하여 네 하나님 여호와(야훼)
   를 섬기고

13 내가 오늘 네 행복을 위하여 네게 명하는 여호와(야훼)의 명령과 규
   례를 지킬 것이 아니냐

14 하늘과 모든 하늘의 하늘과 땅과 그 위의 만물은 본래 네 하나님
   여호와(야훼)께 속한 것이로되

15 여호와(야훼)께서 오직 네 조상들을 기뻐하시고 그들을 사랑하사
   그들의 후손인 너희를 만민 중에서 택하셨음이 오늘과 같으니라

16 그러므로 너희는 마음에 할례를 행하고 다시는 목을 곧게 하지
   말라

17 너희의 하나님 여호와(야훼)는 신 가운데 신이시며 주 가운데 주시
   요 크고 능하시며 두려우신 하나님이시라 사람을 외모로 보지 아
   니하시며 뇌물을 받지 아니하시고

18 고아와 과부를 위하여 정의를 행하시며 나그네를 사랑하여 그에게
   떡과 옷을 주시나니 너희는 나그네를 사랑하라 전에 너희도 애굽
   땅에서 나그네 되었음이니라 네 하나님 여호와(야훼)를 경외하여
   그를 섬기며 그에게 의지하고 그의 이름으로 맹세하라

2) 본문에서 말하는 역사적 배경 관찰

예시

> 이스라엘 백성이 가나안 땅으로 입성하기 전에 모세가 전한 2차 고별설교
> 입니다. 이스라엘 백성은 광야를 거치면서 바산과 옥을 정복하고, 이제 약
> 속의 땅으로의 입성을 눈앞에 두고 있습니다. 이 때 모세는 앞으로 이스라
> 엘 백성이 가나안 땅에서 지켜야 할 내용을 말하고 있습니다.

나. 본문 해석

1) 질문을 만들어 대답하기

다음과 같은 질문을 만든 후, 스스로 대답해 봅니다.

예시

> ① 하나님이 우리에게 요구하시는 것은 무엇인가? (12절)
> ② 우리가 하나님의 명령을 지켜야 하는 이유는 무엇인가? (13절)
> ③ 하나님이 이스라엘을 택하신 이유는 무엇인가? (15절)
> ④ 우리가 믿는 하나님은 어떤 분이신가? (17절)
> ⑤ 하나님이 특별히 사랑하시는 대상은 무엇인가? (18절)

2) 질문에 대한 대답을 종합해서 의미를 파악하기

본문에 대한 질문을 해보았으면 이제 그 대답을 묶어 종합하는 것
이 필요합니다. 그렇게 되면 전체의 의미를 파악할 수 있습니다.

다. 종합 및 적용

1) 묵상하기

다음과 같은 질문을 만든 후, 스스로 대답해 봅니다.

예시

> ① 본문에서 나타난 하나님은 어떤 분이신가?
> ② 본문에 비춰볼 때 드러나는 나의 오류와 결점은 무엇인가?
> ③ 본문을 통해 하나님이 내게 주시는 위로와 격려는 무엇인가?
> ④ 본문을 통해 새롭게 깨달은 점은 무엇인가?
> ⑤ 본문을 통해 내가 결심하게 된 것은 무엇인가?

2) 기록하기

묵상하면서 느낀 것이나 은혜 받은 구절을 기록합니다. 소감을 기록하는 것은 자신에게 설교를 하는 것과 같습니다. 기록을 하게 되면 보다 오래 기억할 수 있고, 자신의 깊은 내면에 말씀을 적용할 수 있습니다. 소감을 기록하는 습관을 들이면 놀라운 영적 진보를 누리게 될 것입니다. 1)번에서 다룬 항목에 비추어 기록해도 좋습니다.

3) 적용하기

이 원리가 나의 삶에 어떻게 적용되는지 다음의 질문에 비추어 살펴봅니다(질문은 스스로 설정할 수 있습니다).

예시

> ① 하나님과 나 : 하나님과의 관계에서 새롭게 다짐한 사항은 무엇인가?
>
> ② 너와 나 : 상대방을 어떤 마음가짐으로 대해야 한다고 느꼈는가?
>
> ③ 나와 나 : 나 자신을 어떻게 대해야겠다고 다짐하는가?

더불어 나눔

1. 성경 해석을 위해 참고했던 좋은 자료들이나 추천하고 싶은 자료들이 있다면 함께 나누어 봅시다.

_____

_____

_____

2. 그동안 어렵다는 이유로 그냥 지나치려고 했던 말씀들이 있다면 되돌아보고, 앞으로는 그 어떤 말씀도 빼놓지 않고 가까이 다가갈 것을 결단해 봅시다.

_____

_____

_____

마음 밭에 심기

주제 말씀 암송

우리가 이것을 말하거니와 사람의 지혜가 가르친 말로 아니하고 오직 성령께서 가르치신 것으로 하니 영적인 일은 영적인 것으로 분별하느니라 고린도전서 2:13

마음에 새기기

성경 해석을 할 때에는 기본적인 원칙을 지켜야 합니다

1. 성경을 기준으로 삼고, 성경을 성경으로 풀어야 합니다.
2. 성경 안에서 공통된 주제를 찾아야 합니다.
3. 인간의 지혜에 의존하지 말고, 성령님의 도우심을 구해야 합니다.

성경 해석의 원리에 맞추어 해석에 임해야 합니다

1. 역사적 배경, 문맥, 어휘를 자세히 살펴보아야 합니다.
2. 저자의 목적을 제대로 파악해야 합니다.
3. 문법을 올바로 이해하면서 살펴보아야 합니다.

큐티를 위한 성경 해석은 관찰, 해석, 종합 및 적용의 단계로 나뉩니다

1. 관찰은 성경 본문을 여러 번 읽고 살피는 과정입니다.
2. 해석은 본문이 무엇을 의미하는지를 살펴보는 과정입니다.
3. 종합 및 적용은 묵상하고 기록하고 삶 속에서 구체적으로 적용하는 과정입니다.

제 4 과

그룹 큐티의
운영 및 실제

오늘 우리는...
• 이 과를 통해, 그룹 큐티의 중요성과 유익에 대해 알게 됩니다.
• 이 과를 통해, 그룹 큐티를 진행하는 실제적인 방법에 대해 배우게 됩니다.

마음 문 열기

미국 남가주 대학교에서 60명의 대학생을 두 그룹으로 나눠 한 그룹은 매일 규칙적으로 큐티를 하게 하고, 나머지 그룹은 큐티를 하지 않도록 했습니다. 놀랍게도 6주 후에 큐티를 하지 않은 그룹은 아무런 변화가 없었으나 큐티를 했던 그룹에는 많은 변화가 일어났습니다.

첫째, 큐티를 했던 그룹의 사람들은 기억력이 40% 증가했습니다. 교과서와 책을 읽고 기억해 낼 수 있는 능력이 현저히 증가한 것입니다.

둘째, 무엇을 알아보고 이해하는 인식능력이 40% 향상되었습니다.

셋째, 어떤 상황에 대한 반응시간이 3분의 1이상 빨라졌습니다. 정기적으로 주님과 교제 시간을 갖는 사람은 신경 세포의 활동이 활발하여 동작도 민첩해지는 것입니다.

넷째, 두통이나 위장약을 먹던 학생들이 약의 복용량을 최고 절반가량 줄였습니다.

다섯째, 산소호흡의 양과 호흡 빈도수가 10분의 1가량 줄어들어 호흡이 차분해 졌습니다.

여기서 잠깐

큐티는 우리의 육체적 건강에도 좋은 영향을 미칩니다.
하물며 영적인 건강에는 얼마나 큰 유익이 있을까요?

_____

_____

1. 그룹 큐티의 유익

개인적으로 큐티를 하는 것뿐만 아니라 함께 모여 그룹 큐티를 진행할 수 있습니다. 모여서 큐티를 하면 혼자 할 때에 경험할 수 없었던 또 다른 유익들을 얻을 수 있습니다. 하나님의 자녀가 하나님의 말씀 안에서 함께 한다는 것은 그 자체만으로도 귀하고 복된 일이기 때문입니다.

> 보라 형제가 연합하여 동거함이 어찌 그리 선하고 아름다운고
> 머리에 있는 보배로운 기름이 수염 곧 아론의 수염에 흘러서
> 그의 옷깃까지 내림 같고 헐몬의 이슬이 시온의 산들에 내림 같도다
> 거기서 여호와(야훼)께서 복을 명령하셨나니 곧 영생이로다 시편 133:1-3

그룹 큐티의 다양한 유익에는 다음과 같은 것들이 있습니다.

가. 성경의 다양한 해석

혼자서 큐티를 할 때에는 성경의 한 부분만 보기 쉽습니다. 그룹 큐티를 하면 구성원들의 다양한 시각을 통해서 성경을 보는 안목이 넓어지게 됩니다.

나. 인격적인 관계 형성

그룹 큐티에서는 자신의 문제를 솔직히 나누며 서로에 대해 더 깊이 알 수 있습니다. 이러한 이해는 과거의 오해를 풀어주고 서로를 위한 배려와 사랑으로 연결됩니다.

다. 큐티의 지속

그룹 큐티는 큐티를 뿌리내리게 하는 필수 요소입니다. 큐티 경험이 있는 지도자라 할지라도 그룹 큐티에 참여하지 않으면 큐티를 지속하기 어렵습니다.

라. 공동체의 영적 성숙

그룹 큐티가 활발해 지면 교회 안에 긴밀한 교제가 형성되어 교회가 유기적으로 발전할 수 있습니다. 그룹 큐티가 확산되면 교회는 하나의 영적 교제 공동체로 성숙하게 됩니다.

2. 그룹 큐티의 진행 방법

가. 그룹 큐티의 운영 지침
1) 모임의 인원
7명 내외가 좋습니다. 처음 시작할 때는 3-4명으로도 가능합니다.

2) 리더
경험이 많은 '전문가'가 아니라 함께 '참여하는 사람'으로 겸손하게 멤버들을 대할 줄 아는 열린 사람이어야 합니다.

3) 일정한 시간과 장소
조용한 장소를 정하여 시간을 잘 지키도록 합니다. 시간과 장소가 자주 바뀌게 되면 혼란을 일으킬 수 있습니다.

4) 나눔의 내용
대화는 큐티한 말씀을 중심으로 하고, 삶 속에서 일어난 일 중에 비밀유지가 필요한 사항은 반드시 지켜 주어야 합니다.

5) 그룹 큐티의 활동
함께 식사, 운동경기 관람, 건전한 영화나 연극 관람, 등산, 쇼핑, 야유회, 인터넷 카페 활동 등으로 확장할 수 있습니다. 성경 공부나 중보기도 모임, 봉사 단체 등으로 발전시키는 것도 좋습니다.

나. 그룹 큐티 진행 순서

그룹 큐티는 개인 큐티의 순서를 포함하고 있습니다. 다음은 전체적인 진행 순서입니다. 자세한 내용은 이 과 3번에서 실습해 보도록 하겠습니다.

1) 함께 찬양하기

찬양은 말씀을 묵상하기 전에 영혼을 맑게 하고 마음의 문을 여는 가장 좋은 기도의 방법입니다.

2) 함께 말씀을 읽고 묵상하기

그룹에게 주어진 하나의 본문을 놓고 함께 읽습니다. 성경 해석 단계에서 배운 대로 정독, 관찰, 해석, 묵상하는 시간을 갖습니다.

3) 묵상한 말씀을 함께 나누기

각자가 묵상한 것들을 돌아가면서 나눕니다. 지난 한 주간 개인적으로 큐티를 하면서 깨달은 것들도 함께 나눕니다.

4) 함께 기도하기

나눔의 시간에 나온 서로의 기도제목들을 놓고 함께 기도하는 시간을 갖습니다.

3. 그룹 큐티의 실제

위의 순서에 맞춰서 다음과 같이 예를 들 수 있습니다.

가. 함께 찬양하기
찬송가를 한 두 장 정도 정하여 함께 부릅니다.

나. 함께 말씀을 읽고 묵상하기
1) 말씀 읽기
아래의 본문을 한 절씩 돌아가면서 또는 교독으로 함께 읽습니다.

〈빌립보서 2:1-11〉

1 그러므로 그리스도 안에 무슨 권면이나 사랑의 무슨 위로나 성령의 무슨 교제나 긍휼이나 자비가 있거든

2 마음을 같이하여 같은 사랑을 가지고 뜻을 합하며 한마음을 품어

3 아무 일에든지 다툼이나 허영으로 하지 말고 오직 겸손한 마음으로 각각 자기보다 남을 낫게 여기고

4 각각 자기 일을 돌볼뿐더러 또한 각각 다른 사람들의 일을 돌보아 나의 기쁨을 충만하게 하라

5 너희 안에 이 마음을 품으라 곧 그리스도 예수의 마음이니

6 그는 근본 하나님의 본체시나 하나님과 동등됨을 취할 것으로 여기지 아니하시고

7 오히려 자기를 비워 종의 형체를 가지사 사람들과 같이 되셨고

8 사람의 모양으로 나타나사 자기를 낮추시고 죽기까지 복종하셨으니 곧 십자가에 죽으심이라

9 이러므로 하나님이 그를 지극히 높여 모든 이름 위에 뛰어난 이름을 주사

10 하늘에 있는 자들과 땅에 있는 자들과 땅 아래에 있는 자들로 모든 무릎을 예수의 이름에 꿇게 하시고

11 모든 입으로 예수 그리스도를 주라 시인하여 하나님 아버지께 영광을 돌리게 하셨느니라

2) 본문 관찰

중심이 되는 단어나 문단 구조, 육하원칙에 따라서 관찰해 봅니다.

예시

위의 본문(빌 2:1-11)의 역사적 배경 : 본문은 바울이 빌립보 성도들을 위해 윤리적인 교훈을 주고 있는 본문입니다. 특히 겸손에 대해 가르치고 있습니다. 예수 그리스도께서 인간의 몸을 입으시기까지 스스로 낮추셨고 겸손의 본을 보이셨다고 성도들에게 이야기하고 있습니다.

3) 본문 해석

본문에서 나올 수 있는 간단한 질문을 만들어 서로 대답해 봅니다.

예시

① 그리스도인이 서로 교제할 때에는 어떠한 마음으로 해야 하는가?
(2절)

② 그리스도인이 일을 할 때에 필요한 자세는 무엇인가? (3절)

③ 예수님의 마음의 특징은 무엇인가? (7절)

4) 본문 묵상

개인적인 상황뿐만 아니라 공동체의 상황을 염두에 두고 묵상한 후, 서로 나눕니다.

다. 묵상한 말씀을 함께 나누기

각자가 묵상한 것들 가운데 깨달은 내용이나 나누고 싶은 것들을 이야기하는 시간입니다.

예시

① 묵상한 말씀 중에 개인적으로 은혜가 된 구절은 무엇인가?

② 묵상하면서 느낀 하나님의 모습이나 성품은 무엇인가?

③ 묵상하면서 느낀 자신의 죄나 결점은 무엇인가?

④ 결심하게 된 구체적인 행동은 무엇인가?

⑤ 우리 공동체를 향하여 주신 메시지는 무엇인가?

라. 함께 기도하기

나눔의 시간에 나온 이야기들을 중심으로 여러 가지 기도제목들을 정하고 함께 기도하는 시간을 갖습니다. 공동체의 기도제목과 개인의 기도제목을 위해 매일 기도하는 것이 좋습니다.

더불어 나눔

1. 그룹 큐티에 참여했던 경험에 대해 이야기해 봅시다. 그 안에서 나누었던 말씀 중 기억에 남는 것이 있다면 이 자리에서 다시 한 번 나누어 봅시다.

_____

_____

_____

2. 그룹 큐티를 만들고 지속적으로 진행하는 데에 좋은 아이디어가 있다면 함께 공유해 봅시다.

_____

_____

_____

마음 밭에 심기

주제 말씀 암송

보라 형제가 연합하여 동거함이 어찌 그리 선하고 아름다운고 머리에 있는 보배로운 기름이 수염 곧 아론의 수염에 흘러서 그의 옷깃까지 내림 같고 헐몬의 이슬이 시온의 산들에 내림 같도다 거기서 여호와(야훼)께서 복을 명령하셨나니 곧 영생이로다 시편 133:1-3

62

마음에 새기기

그룹 큐티는 서로의 신앙 성장에 도움이 됩니다

1. 성경을 보는 안목이 넓어집니다.
2. 공동체 안에서 깊은 교제를 나눌 수 있습니다.
3. 지속적이고 규칙적으로 큐티하는 습관을 갖게 됩니다.

그룹 큐티를 진행할 때에는 일반적인 원칙을 지키는 것이 좋습니다

1. 3-4명 혹은 7명 정도의 인원이 적당하고 모임을 이끌 리더를 세워야 합니다.
2. 모임 시간과 장소를 일정하게 유지하는 것이 좋습니다.
3. 성경말씀을 중심으로 큐티를 진행하고, 개인적인 나눔에 대해서는 비밀을 반드시 지켜 주어야 합니다.

그룹 큐티에는 일정한 순서가 있습니다

1. 먼저 함께 찬양하면서 마음 문을 엽니다.
2. 함께 말씀을 읽고 묵상합니다.
3. 묵상한 말씀을 함께 나누고 기도합니다.

성경 해석을 통한 큐티 & 그룹 큐티 연습

1부. 성경 해석을 통한 큐티 연습

※ 본 연습 과정에서는 2과에서 다룬 큐티의 전반적인 순서를 다시 제시하지 않습니다. 본 과정은 2과의 '2. 큐티의 본 단계'에 해당되며, 그중에서도 3과에서 집중적으로 다룬 성경 해석 부분을 다루고 있습니다.

1. 본문 : 열왕기상 3:3-14

가. 관찰의 실제

1) 본문을 먼저 읽기

〈열왕기상 3:3-14〉

3 솔로몬이 여호와(야훼)를 사랑하고 그의 아버지 다윗의 법도를 행하였으나 산당에서 제사하며 분향하더라

4 이에 왕이 제사하러 기브온으로 가니 거기는 산당이 큼이라 솔로몬이 그 제단에 일천번제를 드렸더니

5 기브온에서 밤에 여호와(야훼)께서 솔로몬의 꿈에 나타나시니라 하나님이 이르시되 내가 네게 무엇을 줄꼬 너는 구하라

6 솔로몬이 이르되 주의 종 내 아버지 다윗이 성실과 공의와 정직한 마음으로 주와 함께 주 앞에서 행하므로 주께서 그에게 큰 은혜를 베푸셨고 주께서 또 그를 위하여 이 큰 은혜를 항상 주사 오늘과 같이 그의 자리에 앉을 아들을 그에게 주셨나이다

7 나의 하나님 여호와(야훼)여 주께서 종으로 종의 아버지 다윗을 대신하여 왕이 되게 하셨사오나 종은 작은 아이라 출입할 줄을 알지 못하고

8 주께서 택하신 백성 가운데 있나이다 그들은 큰 백성이라 수효가 많아서 셀 수도 없고 기록할 수도 없사오니

9 누가 주의 이 많은 백성을 재판할 수 있사오리이까 듣는 마음을 종에게 주사 주의 백성을 재판하여 선악을 분별하게 하옵소서

10 솔로몬이 이것을 구하매 그 말씀이 주의 마음에 든지라

11 이에 하나님이 그에게 이르시되 네가 이것을 구하도다 자기를 위하여 장수하기를 구하지 아니하며 부도 구하지 아니하며 자기 원수의 생명을 멸하기도 구하지 아니하고 오직 송사를 듣고 분별하는 지혜를 구하였으니

12 내가 네 말대로 하여 네게 지혜롭고 총명한 마음을 주노니 네 앞에도 너와 같은 자가 없었거니와 네 뒤에도 너와 같은 자가 일어남이 없으리라

13 내가 또 네가 구하지 아니한 부귀와 영광도 네게 주노니 네 평생에 왕들 중에 너와 같은 자가 없을 것이라

14 네가 만일 네 아버지 다윗이 행함 같이 내 길로 행하며 내 법도와 명령을 지키면 내가 또 네 날을 길게 하리라

2) 본문에서 말하는 배경 관찰

예시

본문의 시기는 다윗 왕이 죽은 후, 솔로몬이 반대 세력을 물리치고 왕위를 잇게 된 시대입니다. 왕이 되고 왕위가 견고해져 가기 시작할 무렵, 솔로몬은 산당에 나아와서 하나님께 일천번제를 드렸고 밤에 꿈속에서 하나님과 만나게 됩니다.

나. 본문 해석

1) 질문을 만들어 대답하기

예시

① 솔로몬이 왕이 되고 난 후, 하나님 앞에서 한 일은 무엇인가?(4절)

----

② 하나님이 솔로몬에게 질문하신 것은 무엇인가?(5절)

----

③ 하나님의 질문에 대한 솔로몬의 대답은 무엇인가?(7-9절)

----

④ 솔로몬의 대답을 듣고 하나님이 기뻐하신 이유는 무엇인가?(10-11절)

----

⑤ 하나님이 솔로몬에게 주신 복은 무엇인가?(12-14절)

----

2) 질문에 대한 대답을 종합해서 의미 파악하기

다. 종합 및 적용

1) 묵상하기

예시

① 본문에 비춰볼 때 하나님이 기뻐하시는 것은 무엇인가?

② 본문에 비춰볼 때 드러나는 나의 오류와 결점은 무엇인가?

③ 본문을 통해 솔로몬에게 배울 점은 무엇인가?

④ 본문을 통해 새롭게 깨달은 점은 무엇인가?

⑤ 본문을 통해 내가 결심하게 된 행동은 무엇인가?

2) 기록하기

3) 적용하기

예시

① 하나님과 나 : 하나님과의 관계에서 새롭게 다짐한 사항은 무엇인가?

② 너와 나 : 상대방을 어떤 마음가짐으로 대해야 한다고 느꼈는가?

③ 나와 나 : 나 자신을 어떻게 대해야겠다고 다짐하는가?

2. 본문 : 요한복음 15:1-17

가. 관찰의 실제

1) 본문을 먼저 읽기

〈요한복음 15:1-17〉

1 나는 참포도나무요 내 아버지는 농부라

2 무릇 내게 붙어 있어 열매를 맺지 아니하는 가지는 아버지께서 그
것을 제거해 버리시고 무릇 열매를 맺는 가지는 더 열매를 맺게
하려 하여 그것을 깨끗하게 하시느니라

3 너희는 내가 일러준 말로 이미 깨끗하여졌으니

4 내 안에 거하라 나도 너희 안에 거하리라 가지가 포도나무에 붙어
있지 아니하면 스스로 열매를 맺을 수 없음 같이 너희도 내 안에
있지 아니하면 그러하리라

5 나는 포도나무요 너희는 가지라 그가 내 안에, 내가 그 안에 거하
면 사람이 열매를 많이 맺나니 나를 떠나서는 너희가 아무 것도
할 수 없음이라

6 사람이 내 안에 거하지 아니하면 가지처럼 밖에 버려져 마르나니
사람들이 그것을 모아다가 불에 던져 사르느니라

7 너희가 내 안에 거하고 내 말이 너희 안에 거하면 무엇이든지 원
하는 대로 구하라 그리하면 이루리라

8 너희가 열매를 많이 맺으면 내 아버지께서 영광을 받으실 것이요
너희는 내 제자가 되리라

9 아버지께서 나를 사랑하신 것 같이 나도 너희를 사랑하였으니 나
의 사랑 안에 거하라

10 내가 아버지의 계명을 지켜 그의 사랑 안에 거하는 것 같이 너희
도 내 계명을 지키면 내 사랑 안에 거하리라

11 내가 이것을 너희에게 이름은 내 기쁨이 너희 안에 있어 너희 기
쁨을 충만하게 하려 함이라

12 내 계명은 곧 내가 너희를 사랑한 것 같이 너희도 서로 사랑하라 하는 이것이니라

13 사람이 친구를 위하여 자기 목숨을 버리면 이보다 더 큰 사랑이 없나니

14 너희는 내가 명하는 대로 행하면 곧 나의 친구라

15 이제부터는 너희를 종이라 하지 아니하리니 종은 주인이 하는 것을 알지 못함이라 너희를 친구라 하였노니 내가 내 아버지께 들은 것을 다 너희에게 알게 하였음이라

16 너희가 나를 택한 것이 아니요 내가 너희를 택하여 세웠나니 이는 너희로 가서 열매를 맺게 하고 또 너희 열매가 항상 있게 하여 내 이름으로 아버지께 무엇을 구하든지 다 받게 하려 함이라

17 내가 이것을 너희에게 명함은 너희로 서로 사랑하게 하려 함이라

2) 본문에서 말하는 배경 관찰

예시

본문은 예수님이 십자가에서 돌아가시기 전, 제자들과 마가의 다락방에 모여 있을 때의 상황입니다. 예수님은 이곳에서 제자들을 향해 고별설교를 하셨습니다. 그리고 이어서 제자들의 발을 씻기시고, 떡을 떼시고, 포도주를 나누셨습니다.

나. 본문 해석
1) 질문을 만들어 대답하기

① 하나님과 예수님과 우리는 서로 어떤 관계로 비유되고 있는가?(1, 5절)

----

② 예수님과의 관계에 있어서 우리가 해야 할 일은 무엇인가?(4, 9절)

----

③ 예수님의 사랑 안에 거하는 방법은 무엇인가?(10절)

----

④ 예수님이 우리에게 주신 계명은 무엇인가?(12절)

----

⑤ 예수님의 친구가 되는 방법은 무엇인가?(14절)

----

2) 질문에 대한 대답을 종합해서 의미 파악하기

다. 종합 및 적용
1) 묵상하기

① 본문에서 나타난 예수님은 어떤 분인가?

② 본문에 비춰볼 때 드러나는 나의 오류와 결점은 무엇인가?

③ 본문을 통해 예수님이 내게 주시는 위로와 격려는 무엇인가?

④ 본문을 통해 새롭게 깨달은 점은 무엇인가?

⑤ 본문을 통해 내가 결심하게 된 행동은 무엇인가?

2) 기록하기

3) 적용하기

예시

① 예수님과 나 : 예수님과의 관계에서 새롭게 다짐한 사항은 무엇인가?

② 너와 나 : 상대방을 어떤 마음가짐으로 대해야 한다고 느꼈는가?

③ 나와 나 : 나 자신을 어떻게 대해야겠다고 다짐하는가?

2부. 그룹 큐티 연습

※ 여기서는 3과의 '3. 그룹 큐티의 실제'에서 다루었던 내용을 다시금 연습하게 됩니다.

1. 본문 : 예레미야 32:6-15; 36-41

가. 함께 찬양하기

나. 함께 말씀을 읽고 묵상하기

1) 말씀 읽기

⟨예레미야 32:6-15; 36-41⟩

6 예레미야가 이르되 여호와(야훼)의 말씀이 내게 임하였느니라 이르시기를

7 보라 네 숙부 살룸의 아들 하나멜이 네게 와서 말하기를 너는 아나돗에 있는 내 밭을 사라 이 기업을 무를 권리가 네게 있느니라 하리라 하시더니

8 여호와(야훼)의 말씀과 같이 나의 숙부의 아들 하나멜이 시위대 뜰 안 나에게 와서 이르되 청하노니 너는 베냐민 땅 아나돗에 있는 나의 밭을 사라 기업의 상속권이 네게 있고 무를 권리가 네게 있으니 너를 위하여 사라 하는지라 내가 이것이 여호와(야훼)의 말씀인 줄 알았으므로

9 내 숙부의 아들 하나멜의 아나돗에 있는 밭을 사는데 은 십칠 세겔을 달아 주되 증서를 써서 봉인하고

10 증인을 세우고 은을 저울에 달아 주고

11 법과 규례대로 봉인하고 봉인하지 아니한 매매 증서를 내가 가지고

12 나의 숙부의 아들 하나멜과 매매 증서에 인 친 증인 앞과 시위대 뜰에 앉아 있는 유다 모든 사람 앞에서 그 매매 증서를 마세야의 손자 네리야의 아들 바룩에게 부치며

13 그들의 앞에서 바룩에게 명령하여 이르되

14 만군의 여호와(야훼) 이스라엘의 하나님께서 이와 같이 말씀하시기를 너는 이 증서 곧 봉인하고 봉인하지 않은 매매 증서를 가지고 토기에 담아 오랫동안 보존하게 하라

15 만군의 여호와(야훼) 이스라엘의 하나님께서 이와 같이 말씀하시니라 사람이 이 땅에서 집과 밭과 포도원을 다시 사게 되리라

하셨다 하니라

...

36 그러나 이스라엘의 하나님 여호와(야훼)께서 너희가 말하는 바 칼과 기근과 전염병으로 말미암아 바벨론 왕의 손에 넘긴 바 되었다 하는 이 성에 대하여 이와 같이 말씀하시니라

37 보라 내가 노여움과 분함과 큰 분노로 그들을 쫓아 보내었던 모든 지방에서 그들을 모아들여 이 곳으로 돌아오게 하여 안전히 살게 할 것이라

38 그들은 내 백성이 되겠고 나는 그들의 하나님이 될 것이며

39 내가 그들에게 한 마음과 한 길을 주어 자기들과 자기 후손의 복을 위하여 항상 나를 경외하게 하고

40 내가 그들에게 복을 주기 위하여 그들을 떠나지 아니하리라 하는 영원한 언약을 그들에게 세우고 나를 경외함을 그들의 마음에 두어 나를 떠나지 않게 하고

41 내가 기쁨으로 그들에게 복을 주되 분명히 나의 마음과 정성을 다하여 그들을 이 땅에 심으리라

2) 본문 관찰

예시

위의 본문의 역사적 배경 : 본문은 시드기야 왕이 유다를 다스리는 시기이며, 바벨론 군대가 예루살렘을 에워싼 시기입니다. 이 시기에 예레미야는 시드기야에게 유다가 승리하지 못할 것이라고 예언했고, 결국 궁중에 있는 시위대 뜰에 갇히게 되었습니다. 이때 하나님의 말씀이 예레미야에게 임합니다.

3) 본문 해석

예시

① 하나님께서 아나돗 땅을 다시 사라고 하신 이유는 무엇인가?(15, 36-41절)
② 본문 전반을 통해 알 수 있는 하나님의 마음은 무엇인가?
③ 아무런 희망이 보이지 않는 상황에서 하나님이 우리에게 이런 명령을 하신다면, 우리는 어떻게 받아들일 수 있겠는가?

다. 묵상한 말씀을 함께 나누기

예시

① 묵상한 말씀 중에 개인적으로 은혜가 된 구절은 무엇인가?
② 묵상하면서 느낀 하나님의 모습이나 성품은 무엇인가?
③ 묵상하면서 느낀 자신의 죄나 결점은 무엇인가?
④ 결심하게 된 구체적인 행동은 무엇인가?
⑤ 우리 공동체를 향하여 주신 메시지는 무엇인가?

라. 함께 기도하기

2. 본문 : 빌레몬서 1:7-19

가. 함께 찬양하기

나. 함께 말씀을 읽고 묵상하기

1) 말씀 읽기

〈빌레몬서 1:7-19〉

7 형제여 성도들의 마음이 너로 말미암아 평안함을 얻었으니 내가 너의 사랑으로 많은 기쁨과 위로를 받았노라

8 이러므로 내가 그리스도 안에서 아주 담대하게 네게 마땅한 일로 명할 수도 있으나

9 도리어 사랑으로써 간구하노라 나이가 많은 나 바울은 지금 또 예수 그리스도를 위하여 갇힌 자 되어

10 갇힌 중에서 낳은 아들 오네시모를 위하여 네게 간구하노라

11 그가 전에는 네게 무익하였으나 이제는 나와 네게 유익하므로

12 네게 그를 돌려 보내노니 그는 내 심복이라

13 그를 내게 머물러 있게 하여 내 복음을 위하여 갇힌 중에서 네 대신 나를 섬기게 하고자 하나

14 다만 네 승낙이 없이는 내가 아무 것도 하기를 원하지 아니하노니 이는 너의 선한 일이 억지 같이 되지 아니하고 자의로 되게 하려 함이라

15 아마 그가 잠시 떠나게 된 것은 너로 하여금 그를 영원히 두게 함이리니

16 이 후로는 종과 같이 대하지 아니하고 종 이상으로 곧 사랑 받는 형제로 둘 자라 내게 특별히 그러하거든 하물며 육신과 주 안에서 상관된 네게랴

17 그러므로 네가 나를 동역자로 알진대 그를 영접하기를 내게 하듯 하고

18 그가 만일 네게 불의를 하였거나 네게 빚진 것이 있으면 그것을 내 앞으로 계산하라

19 나 바울이 친필로 쓰노니 내가 갚으려니와 네가 이 외에 네 자신이 내게 빚진 것은 내가 말하지 아니하노라

2) 본문 관찰

예시

위의 본문의 역사적 배경 : 본문은 바울이 친구인 빌레몬에게 쓴 편지입니다. 빌레몬의 종이었던 오네시모는 빌레몬에게 어떤 손해를 입힌 후 도주했었는데, 오네시모는 바울을 만나서 돌봄을 받게 되었습니다. 그런데 로마법상, 바울은 오네시모를 다시 빌레몬에게 되돌려 보내야 하는 상황이었습니다. 그런 상황에서 바울은 빌레몬에게, '오네시모를 용서하고 형제로서 받아줄 것'과 '오네시모가 입힌 손해를 대신 배상하겠다'라는 내용을 전하게 됩니다.

3) 본문 해석

예시

① 바울의 문안 인사 속에서 느낄 수 있는 점은 무엇인가?(7절)
② 바울이 오네시모를 종이 아닌, 형제로 대하라고 할 수 있었던 근거는 무엇인가?(16절)
③ 바울을 통해 우리가 배울 수 있는 구체적인 모습들은 무엇인가?

다. 묵상한 말씀을 함께 나누기

예시

① 묵상한 말씀 중에 개인적으로 은혜가 된 구절은 무엇인가?
② 묵상하면서 느낀 하나님의 모습이나 성품은 무엇인가?
③ 묵상하면서 느낀 자신의 죄나 결점은 무엇인가?
④ 결심하게 된 구체적인 행동은 무엇인가?
⑤ 우리 공동체를 향하여 주신 메시지는 무엇인가?

라. 함께 기도하기

| 참고문헌 |

강준민 저, 『말씀 묵상과 예수님을 닮아가는 삶』, 두란노, 2003.

김양재 저, 『날마다 큐티 하는 여자』, 홍성사, 2002.

김원태 저, 『큐티 리더 누구나 할 수 있다』, 두란노, 2003.

류익태 저, 『큐티 뿌리내리기』, 요단, 2003.

서승동 저, 『묵상, 하나님을 알아가는 시작입니다』, 예수전도단, 2003.

송원준 저, 『영성이 깊어지는 큐티』, 두란노, 2000.

이상규 저, 『에덴의 삶을 회복하는 큐티』, 두란노, 2003.

이영훈 저, 『제자의 길』, 서울말씀사, 2010.

이영훈 저, 『4차원의 영성 - 리더십 학교』, 교회성장연구소, 2010.

이영훈 저, 『4차원의 영성 - 중보 기도 학교』, 교회성장연구소, 2011.

이영훈 외, 『내 영혼의 멘토들』, 교회성장연구소, 2012.

하용조 저, 『큐티하면 행복해집니다』, 두란노, 2008.

잔느 귀용 저, 채수범 역, 『예수 그리스도를 깊이 체험하기』, 생명의 말씀사 , 2003.

케이 아더 저, 『귀납적 성경 연구 방법』, 프리셉트, 1999.

노튼 스테렛 저, 한국성서유니온편집부 역, 『성경해석의 원리』, 성서유니온, 2000.

론 스미스 저, 채두병 역, 『말씀 앞에 머무는 삶』, 예수 전도단, 2004.

| 추천도서 |

※ 추천도서는 시간이 날 때 자유롭게 읽을 수 있도록 권장합니다.
혹은 소그룹별로 독서보고서를 써서 함께 나누는 방법도 좋습니다.

김양재 저, 『날마다 큐티 하는 여자』, 홍성사, 2002.

MTS 큐티 학교

초판 1쇄 발행 2012년 9월 3일
초판 3쇄 발행 2013년 11월 27일

지은이 이영훈
펴낸곳 교회성장연구소
편집인 이장석
편집장 노인영
기획 및 편집 박은혜 김태희 백지희
디자인 박진실
마케팅 김미현 이경재 문기현
MTS 사역 김미현 강지훈 이기쁨
행 정 박경희 김수정

등록번호 제12-177호
주 소 서울특별시 영등포구 여의공원로 101번지 CCMM빌딩 9층 901A호
전 화 02-2036-7912~3
팩 스 02-2036-7910
웹사이트 www.pastor21.net
MTS 전문몰 www.pastormall.net

ISBN 978-89-8304-194-4 04230

교회성장연구소는 한국 모든 교회가 건강한 교회성장을 이루어 하나님 나라에 영광을 돌리는 일꾼으로 성장하는 것을 목표로, 목회자의 사역은 물론 성도들의 영적 성장을 도울 수 있는 필독서들을 출간하고 있다. 주를 섬기는 사명감을 바탕으로 모든 사역의 시작과 끝을 기도로 임하며 사람 중심이 아닌 하나님 중심으로 경영한다. "무슨 일을 하든지 마음을 다하여 주께 하듯 하라"는 말씀을 늘 마음에 새겨 하나님이 주신 사명을 기쁨으로 감당한다.